让孩子着迷的第一堂自然课

史前恐龙

SHIQIAN KONGLONG

童心 编著

化学工业出版社

·北京·

图书在版编目（CIP）数据

让孩子着迷的第一堂自然课．史前恐龙 / 童心编著．—北京：化学工业出版社，2019.3（2022.8重印）
ISBN 978-7-122-33726-9

Ⅰ．①让⋯ Ⅱ．①童⋯ Ⅲ．①科学知识－青少年读物 ②恐龙－青少年读物 Ⅳ．① Z228.2 ② Q915.864-49

中国版本图书馆 CIP 数据核字（2019）第 023872 号

责任编辑：王思慧　谢　娣　　　　　　　　　　　　　装帧设计：刘丽华
责任校对：王　静

出版发行：化学工业出版社（北京市东城区青年湖南街 13 号　邮政编码 100011）
印　　装：天津画中画印刷有限公司
787mm×1092mm　1/12　印张 4　字数 58 千字　2022 年 8 月北京第 1 版第 2 次印刷

购书咨询：010-64518888　　　　　　　　　　　　　售后服务：010-64518899
网　　址：http://www.cip.com.cn
凡购买本书，如有缺损质量问题，本社销售中心负责调换。

定　价：22.80 元　　　　　　　　　　　　　　　　　　　　　版权所有　违者必究

前言

在很久以前,地球上出现了一群巨大的动物,它们被称为恐龙。这群家伙穿行在丛林、荒野和湖泊,遍布世界各地,成为了陆地上第一批霸主,并主宰地球长达1.75亿年之久。

自从第一块恐龙化石被发现,恐龙便给人类带来了无穷的想象空间。特别是对于许多小朋友而言,恐龙给他们带来了莫大的乐趣和探索的欲望。本书以精彩的图画、有趣的语言,带领小朋友们一同走入那个已经消逝的史前世界,感受恐龙生命的气息,揭开恐龙的秘密,再现庞大神秘的恐龙王国。

目录

一起认识恐龙吧…1

恐龙的诞生…2

庞大的恐龙家族…4

不同种类的恐龙是怎么进化来的…5

恐龙化石是怎么形成的…6

化石里的秘密…7

恐龙的食物…8

群居生活…9

为什么食草恐龙的身躯更庞大…10

最早发现的恐龙——禽龙…12

站立不倒的板龙…13

阿根廷龙是一个"巨无霸"…14

脖子长长的马门溪龙…15

地震龙真的会地震吗…16

超级能吃的腕龙…17

走路像"打雷"的雷龙…18

嘴巴宽阔的鸭嘴龙…19

梁龙是尾巴最长的恐龙…20

个子小小的美颌龙…21

霸王龙是恐龙世界里的暴君…22

飞上天空的翼龙…24

身披铠甲的战士——甲龙…25

食肉恐龙是怎样捕猎的…26

食草恐龙的防御武器和逃生法…28

头上长角的恐龙…30

奔跑迅速的恐龙…31

皮肤与伪装…32

聆听恐龙的声音…33

牙齿和食物…34

健胃消食片——胃石…35

恐龙会不会冬眠呢…36

千奇百怪的求偶花招…37

恐龙蛋…38

好妈妈慈母龙…40

争当首领的决斗…41

生活在海洋中的"冒牌恐龙"…42

恐龙大灭绝…43

恐龙的诞生

恐龙最早大约出现在2.3亿年前,在6500万年前灭绝。这段时间在地球的漫长历史中被称为中生代,也被称为"恐龙时代"。恐龙时代又分为三个纪,即三叠纪、侏罗纪、白垩纪。

❷ 侏罗纪时期,地球环境变得温暖潮湿,许多植物长得高大又茂盛。恐龙家族出现了许多新成员,陆地上除了庞大的吃植物的恐龙,还有行动迅速的喜欢吃肉的恐龙;天空被它们的"亲戚"翼龙控制,海洋中生活着鱼龙、蛇颈龙等恐龙的"亲戚"。

❶ 三叠纪是恐龙时代的开始。这时的地球气候干燥炎热，到处都是沙漠，只有在湖边或池塘边生长着植物。一些爬行动物试着用后肢行走，并用长长的尾巴保持平衡，这样就能吃到树木的嫩叶了。慢慢地，它们就成为了最早的恐龙，包括长颈龙、板龙、原角龙、异齿龙等。

❸ 到了白垩纪，开花植物逐渐繁盛，这个时期也是恐龙家族的鼎盛时期。大大小小的恐龙横行世界，尤其是鸭嘴龙、霸王龙、翼龙，还出现了更加怪异、更加高等的甲龙和角龙。

❹ 白垩纪晚期，兴旺的恐龙家族突然灭亡，就连近亲翼龙和海洋中的"亲戚"鱼龙、蛇颈龙也跟着消失了。只有一些体型娇小的动物幸免于难（早期的蛇、古海龟、恐鳄、狼猪鼠）。

不同种类的恐龙是怎么进化来的

❶ 像霸王龙一样的食肉恐龙长得五大三粗，凶猛强悍。

其实，恐龙在刚出现时都是食肉动物，可是，因为"肉"很少，一些恐龙只好去吃草，这样恐龙就分成了食草的和食肉的两种。慢慢地，随着环境的不断变化，恐龙的种类越来越多，恐龙家族也越来越繁盛。

❸ 食草恐龙中，有的吃高大树木的叶子，有的吃低矮的植物，有的吃柔嫩的叶，有的吃坚硬的叶，慢慢便形成了大大小小、高高矮矮形态不同的恐龙。

❷ 还有一些如重爪龙的食肉恐龙，它们的前肢长着像匕首一样利爪，在水中用可怕的利爪捕食鳄鱼和鱼。

❹ 为了不被食肉恐龙吃掉，一些食草恐龙努力地学习逃生本领，发展防御武器。

大个子腕龙一看见食肉恐龙就会钻进水里。

甲龙长出厚厚的"铠甲"保护自己。尾巴上也长出了自卫武器——尾锤。

蜀龙的尾巴长着一个"大铁锤"，可以用来击退敌人。

恐龙化石是怎么形成的

动物死去后，在一定条件下会变为化石。化石很坚硬，可以保存很长很长时间，人类就是通过化石来认识那些已经灭绝的动物。

❶ 一只死去的恐龙浸在湖水中，并慢慢沉入湖底，身体开始腐烂。

❷ 大量的泥土、沙子和碎屑物将湖水中的恐龙掩埋，并把恐龙的骨骼压实。

❸ 恐龙骨骼和周围岩石中的矿物质发生作用，骨骼逐渐石化。

❹ 过了很久，随着地层的上升和长期的风化作用，恐龙化石被人们发现了。

❺ 有的恐龙死后，被食肉恐龙吃光了肉，这样它的骨头就会在腐烂后被逐渐分解并消失，不会形成化石。

化石里的秘密

化石，就是存留在岩层中的古生物遗体、遗物或生活痕迹。通过研究化石，人们可以了解动植物的形态、生活习性和生存环境。

牙齿
了解恐龙吃什么。

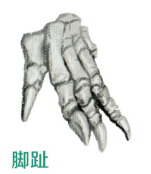

脚趾
推测恐龙的四肢。

恐龙蛋
数量非常多，可以了解恐龙的孵化方式。

骨头
恐龙骨架化石描绘出恐龙的身体结构。

🌾 挖掘化石

粪便
知道恐龙死亡前吃了什么。

角和棘刺
了解恐龙的体表特征。

化石组装
恐龙化石被发现后，需要经过细致的处理和复原，这样就能知道恐龙的样貌了。不过，这个工作非常复杂，像巨大的梁龙，大约需要好几年才能组装完成。

谁第一个发现了恐龙化石

1822年3月的一天，住在英国南部一个叫刘易斯的小地方的曼特尔夫妇首次发现了恐龙——禽龙的"牙齿"。不过，当时没有人知道这种奇怪的东西是什么，直到恐龙化石陆续出土，人们才意识到这是一种全新的爬行动物。1842年，英国著名科学家理查德·欧文为这类化石起了一个名字，叫"恐龙"，意思是"大得令人恐怖的蜥蜴"。

🌾 曼特尔夫妇

🌾 组装化石

恐龙的食物

恐龙根据食性不同，分为食草恐龙和食肉恐龙，还有一部分恐龙介于食草和食肉之间，属于杂食恐龙。

食草恐龙

食草恐龙主要吃低矮的灌木、羊齿植物、银杏树等植物。它们为了减少彼此的竞争，分别进食不同种类的植物。

腕龙体型高大，可以吃很高的树上的叶子。

三角龙主要吃长得较矮的树叶。

原角龙体型较小，平时吃地上的植被和长得低矮的小树的树叶。

梁龙有长长的脖子和尾巴，还可以抬起前腿站立，吃比自己高的树叶。

食肉恐龙

大型食肉恐龙捕食食草恐龙，小型食肉恐龙主要捕食昆虫、乌龟、鳄鱼、蜥蜴和小的哺乳动物。

角鼻龙常常几只聚在一起，攻击捕食比自己体型大的恐龙。

暴龙常常独自捕食食草恐龙。它们捕食1次，就可以休息好几天。

细颚龙体型较小，主要捕食蜥蜴、昆虫。

腔骨龙为了争夺食物，会自相残杀。

群居生活

一些性情温和的食草恐龙和体型较小的食肉恐龙有时会聚在一起生活,这样它们可以互相警告,防范大型食肉恐龙的攻击,保证自己的生存安全。

长颈龙

长颈龙会迁徙数百千米去寻找新的食物。当它们从一处迁徙到另一处时,会让年幼的小恐龙走在中间,体型大的成年恐龙在旁边保护。

三角龙

三角龙在遇到攻击时,会将年老和幼小的三角龙围在中间,形成一个圆形的防御阵势。大部分攻击者看到那一排排锋利的刺和角组成的"防御墙",会无奈地离开,去别的地方寻找食物。

为什么食草恐龙的身躯更庞大

在恐龙家族中,食草恐龙是当之无愧的主角。它们身长可达30米,脖子和尾巴也很长,粗壮的四肢支撑着如酒桶般的身躯,代表者有梁龙、腕龙、雷龙。

繁殖方式

一般来说,哺乳动物的体型越大,后代就越少。可是,恐龙体型虽然不断增长,但幼仔的数量并没有减少。古生物学家发现,恐龙蛋一般如鸵鸟蛋大小。这样一来,恐龙的生存概率就比其他大型动物更大。

身体结构

脑袋小小的,使脊椎承受的重力小,这样恐龙的脖子可以长得更长,扩大了觅食范围。有时候,恐龙站着不动,脖子照样可以上下左右地觅食,节省了体力。而腿部粗壮结实,可以支撑起庞大的身躯。

复杂的肺泡

恐龙的肺部与鸟类很像。它们吸气时,空气会充满整个肺部内的肺泡,同时,新鲜的空气会不停地在体内流动,这样大型恐龙就不会因为缺氧而死亡了。

新陈代谢

用显微镜观察恐龙的骨骼,会发现上面有像树木年轮一样的生长线。这是因为恐龙的新陈代谢很快,使它们可以更快速地获得庞大体型。比如,非洲象一年体重大约增加200千克,可是马门溪龙一年的体重最多可以增加2000千克,相差可达10倍。

我是非洲象,我的体重大约为4~5吨,现在是地球上最大的陆地动物。不过,和恐龙比起来,我就是个小不点了。

最早发现的恐龙——禽龙

1822年3月，曼特尔夫妇在英国一个小镇首次发现了禽龙化石，这也是世界上发现和研究最早的恐龙化石。

禽龙

禽龙是一种庞大、笨重的食草恐龙，有时用两足行走，有时用四足。当奔跑和行走时，尾巴总是与地面保持平行。

特别的爪

禽龙的前肢有5个趾，末端无爪，看起来就像人的手，非常特别。考古学家认为，禽龙的前肢不仅可以挖开水果和种子，还能抢夺食物，攻击敌人。

珍贵的脚印

1960年8月3日，一支古生物考察队在北极发现了13个巨大的禽龙脚印。每个脚印长60～75厘米，并清清楚楚地有3个趾印。

禽龙喜欢在茂密的丛林、湿热的沼泽或湖畔觅食、饮水，为什么会到达寒冷的北极呢？

科学家们纷纷进行研究，最后认为，禽龙是跟着漂移的大陆到了北极，或者是自己迁徙到了那里。总之，在北极发现禽龙化石已经成为"恐龙考古"界100多年来发生的最有趣、最重要的事件之一。

站立不倒的板龙

板龙是生活在三叠纪的食草恐龙,虽然身长只有6~8米,但在当时的恐龙界里已经算是"巨人"了。

站立不倒的奥秘

在欧洲发现了几十具板龙骨架化石,奇怪的是,这些化石全部"直立"在岩层中,简直不可思议!古生物学家分析后认为,这些板龙可能陷入了泥潭中,无法逃出,最终被淹死。经过亿万年的演变,最终成为了古老的"直立"化石。

眼睛

板龙的眼睛很特别,不是朝向前方,而是朝向两侧,所以它的视野范围更加广阔,可以时刻警惕掠食者。

灵活的脚趾

板龙行走时,5根"脚趾"平按在地上;当它想抓取什么东西时,会用5根"脚趾"抓住,再紧紧地收缩成一个拳头。板龙的前肢比后肢短,所以当板龙用后肢站立时,前肢还可以用来防御。

阿根廷龙是一个"巨无霸"

我们阿根廷龙成年后,身长相当于一个标准的游泳池,身高差不多有五六层楼那么高,体重相当于20头非洲象,咋样,厉害不?

"恐龙蛋"路

在发现阿根廷恐龙化石的地方,古生物学家还发现了几千枚恐龙蛋化石,每枚都有柚子那么大。这些恐龙蛋密密麻麻地排列着,范围非常大,让专家们有一种无时无刻不在蛋壳上行走的感觉。这也是有史以来发现恐龙蛋最多的一次。

阿根廷龙生活在白垩纪早期的南美洲,是地球上生活过的最大的动物之一,把它们称为"巨无霸"真是一点儿也不夸张。阿根廷龙虽然以植物为食,但体长可以达到45米,高可以达到15米,体重可以达到90吨,简直是个奇迹!

脖子长长的马门溪龙

马门溪龙生活在侏罗纪晚期，长长的脖颈相当于身体的一半长，因此马门溪龙也成为世界上脖子最长的恐龙。

第一次发现

1952年，在我国四川省宜宾地区第一次发现了这种恐龙化石，著名古生物学家杨钟健教授鉴定后，确定这是世界上还没有发现过的新的恐龙化石，于是便以其发现地马鸣溪命名"马鸣溪龙"，但由杨教授的口音，被人误记为"马门溪龙"。

闻名世界的脖子

马门溪龙的脖子闻名世界，它由19块颈椎骨组成，其中最长的颈椎骨长约2米，它们相互叠压在一起，所以马门溪龙的脖子非常僵硬，转动时十分缓慢。

在交配的季节，雄马门溪龙用又细又长的尾巴互相抽打，取胜的一方最终取得交配权。

地震龙真的会地震吗

地震龙生活在侏罗纪晚期的北美洲。一头成年的地震龙体长可以达到50米，体重可以达到60吨。因为太"胖"了，它们走起路来常常会"地动山摇"，发出"轰隆，轰隆隆"的声音，于是生物学家就将其命名为地震龙。所以，地震龙并不是真的会地震哦！

独一无二的尾巴

地震龙的尾巴由大约70块脊椎骨组成，又细又长，就像一根鞭子。尾巴还是地震龙的必杀技，它们常常用尾巴来赶跑敌人，有时在进食时，也会不停地抽来抽去。

不可小瞧的暗器

地震龙前肢内侧脚趾上有一个巨大而弯曲的利爪，这可是它们的自卫武器。科学家推测，就像人类穿的鞋子有鞋后跟一样，地震龙的脚掌长有肉垫，这样地震龙走路时就不会发出"轰隆隆"的声音，从而可以避免被其他食肉恐龙发现，遭到攻击。

超级能吃的腕龙

腕龙主要生活在侏罗纪晚期。当时气候温暖，植物茂盛，恐龙们为了补充庞大身体所需要的能量，常常处于不停地"吃"中，所以食量非常惊人。大象一天大约吃150千克的食物，而腕龙一天能吃1500千克食物，是大象食量的10倍。

水中生活

腕龙除了产蛋和转移外，几乎大部分时间都泡在水里。这是因为水里丰富的藻类和岸边的矮丛林为腕龙提供了丰富的食物，再加上它们体重过大，行动不便，借助水的浮力恰恰能起到缓解体重压力的作用。

腕龙1次拉的粪便有1米高，十分吓人。

腕龙化石

在1900年，当考古学家在美国科罗拉多州西部的大峡谷发现第一副腕龙骨架时，就被其庞大的体型震惊了。腕龙是已知有完整骨架的恐龙中最高的恐龙。

走路像"打雷"的雷龙

雷龙也叫迷惑龙,是恐龙家族中最受宠的一种。它们体型庞大,四肢粗壮,喜欢群体活动。当一群雷龙从远处走来时,总是尘土蔽日、响声如雷,因此古生物学家给它们起了个厉害的名字——雷龙!

扫荡者

雷龙的食物主要是羊齿类和苏铁类植物,它们的食量惊人,进嘴的食物几乎不用咀嚼就直接送进了胃里。当它们进入一片茂密的树林后,往往只需要几天工夫,就可以把树林变成光秃秃的"树干林"。

科学家根据发现的雷龙尾骨化石进行了电脑模拟,他们发现,当雷龙的尾巴挥动起来时,可以发出200分贝以上的声响,这个音量可是和大炮发射时的音量一样啊!

嘴巴宽阔的鸭嘴龙

鸭嘴龙也叫"大蜥蜴",是最早在美国发现的恐龙,它们能够用后肢站起来,吃树上的叶子,甚至还能用后肢奔跑。鸭嘴龙的嘴巴宽阔,像极了鸭子的嘴,而且头部呈鸭喙状,口鼻处还有一块硬硬的突起。与家族中的大部分成员一样,鸭嘴龙没有冠。

不断长出新牙

鸭嘴龙的下颌后部有一排牙齿,专门用来磨碎树枝、树叶和种子。这些牙齿磨坏后,会不断长出新的牙齿,这一点和今天的食草类哺乳动物完全不同。

青岛龙

青岛龙是我国发现的最著名的鸭嘴龙科的一员。与头顶光平的那一类鸭嘴龙不同的是,它的两眼之间有一个形状古怪的冠,长可以达到1米,看起来就像独角兽的角。这个冠中空,与鼻腔相通,可能用于储藏空气,以延长潜水时间;也可能用于自卫或排除水面障碍物。

梁龙是尾巴最长的恐龙

梁龙生活在侏罗纪晚期的北美洲,它们虽然体型巨大,但性格很温和,过着群居生活。梁龙最突出的特征是有极长的脖子和尾巴,因此它们也是恐龙家族中最好辨认的恐龙。

超级长尾巴

梁龙的尾巴由70多块骨头组成,长度达到了令人惊骇的程度,可以这么说,那长度相当于至少13位10岁左右的小朋友头脚相连地躺在地上那么长,相当于普通楼房的5层楼那么高。

花样翻新的武器

像鞭子一样的尾巴是梁龙主要的攻击武器,每一次有力的抽打都会使敌人逃跑或退缩。但有时它们也会用后腿和尾巴——呈一个"三角形"来支撑身体,用前肢巨大而锋利的趾爪进行自卫。梁龙性格温和,从来不会主动伤害别的动物。

个子小小的美颌龙

美颌龙是现今已知的最小的恐龙,是始祖鸟的近亲。这种恐龙生活在侏罗纪晚期,体长约0.7米,重约3千克,以小蜥蜴和小型哺乳动物为食。

百米冠军

身形娇小的美颌龙每小时可以奔跑约64千米,比目前世界上跑得最快的两足动物——鸵鸟还要快8千米。如果和一名现代奥林匹克运动员进行百米赛跑,它将以三分之一多的领先优势率先冲线。

爬树绝活

在恐龙世界中,再也找不出比美颌龙还要厉害的爬树高手了!美颌龙不仅善于奔跑和腾跃,爬树更是它的拿手绝活!每当发现猎物时,它便会穷追不舍,即使猎物逃到了树上,它也会迅速地跟上,绝不放弃。

捕食蜥蜴

美颌龙身体轻盈,可以跑得很快,而且视觉很敏锐,所以它们能够迅速追上蜥蜴,并把猎物完整地吞下。

霸王龙是恐龙世界里的暴君

霸王龙又名暴龙，是一种十分凶猛的食肉恐龙。它们生活在白垩纪晚期，体长10～13米，高约4米，体重可以达7吨，长期称雄于北美洲及亚洲东部，号称"恐龙之王"。

火眼金睛

霸王龙的双眼不仅很大，而且位置靠前，就像一架双筒望远镜，可以同时聚焦在一个物体上，因此看到的东西是立体的，判断距离也特别精确。

牙齿

霸王龙两颊肌肉发达，硕大的上下颚各长着大约60颗边缘呈锯齿状的牙齿，极为锋利，它的嘴就像一台骨骼破碎机，即使单颗牙齿也可承受极强的咬合力。

生化武器

霸王龙的血盆大口里充满了细菌，猎物即使不被咬死，也会因为细菌感染疾病而毙命，所以说，霸王龙很可能是地球上第一个使用"生化武器"的物种。

脑袋是武器

霸王龙的脑袋不仅很聪明，还很厉害。由于它的前肢非常短小，几乎没有什么用处，所以它强壮的脑袋便成为了捕食猎物的武器，常常一头便能将猎物撞得晕倒在地。

飞上天空的翼龙

翼龙并不是真正的恐龙,而是恐龙的近亲。翼龙体长1~2米,有着大大的眼睛,视觉极为发达,硕大无比的翅膀具有出众的平衡感。它们之所以这么有名,是因为它们是世界上最早飞上天空的动物。

翼龙的进化

翼龙有两大种类。一种是原始的喙嘴龙类,主要生活在侏罗纪,有一条很长的尾巴,以鱼为食;另一种是晚期的翼手龙类,主要生活在白垩纪,尾巴很短甚至消失,以昆虫为食。

牙齿最多的翼龙

南翼龙恐怕是牙齿最多的翼龙了,它的嘴巴里足足有上千颗牙齿。这么多的牙齿使南翼龙的嘴巴看起来就像是一个过滤器,当它们掠过海面,把嘴巴伸进水里捕食时,会很好地把海水过滤出去,只留下浮游生物和小型动物供自己食用。

身披铠甲的战士——甲龙

甲龙生存于白垩纪晚期,被称为会"呼吸"的"坦克"。这是因为它们从颈部到尾部,全部覆盖着一层厚厚的甲骨,上面还长着一排排尖刺,就像士兵们穿着的铠甲。更有趣的是,甲龙的尾巴"装备"有一个骨质重锤,可以爆发出可怕的力量,这是它们重要的武器。

攻击锤

甲龙尾巴的"重锤"其实是由几块甲板与最末几节脊椎骨组合而成,看起来就像一把坚硬的锤子。铠甲可以保护甲龙,但尾锤却是甲龙最重要的进攻武器。一旦有食肉恐龙来犯,它便会对其狠狠地一顿敲打,这时敌人一旦被击中,就会受到重伤,有的还会被活活打死。

食物

甲龙在剑龙灭绝以后才大量地出现,为了维持生存,它们吃大量的低矮植物。不过,因为牙齿很小甚至没有,甲龙只能吃些柔软的植物。

食肉恐龙是怎样捕猎的

食肉恐龙除了吃死去的动物，更主要的是主动出击、抓捕猎物，于是它们进化出了许多"武器"，让食草动物们闻风丧胆。

群体围攻

恐爪龙是一种体型较小的食肉动物，但它们非常聪明，常常成群出动，相互配合捕食猎物。

牙齿

重爪龙的牙齿和鳄鱼的牙齿一样锋利，在脚指甲的配合下，它们非常善于抓捕鱼。

下颚

异特龙用强壮的下颚咬住猎物的脖子，猛烈地摇晃，直到猎物死亡。

敏锐的视觉

啮齿龙有一双巨大的眼睛，可以在黑夜里看清周围的东西，它们会在夜里捕食蜥蜴和小的哺乳动物。

脚指甲

伶盗龙常常用钩子般锋利的脚指甲攻击猎物。

尾巴
霸王龙除了巨大的脑袋和锋利的牙齿,还会用结实的尾巴抽打猎物。

奔跑
嗜鸟龙体型轻盈,奔跑迅速,以蜥蜴、青蛙和小昆虫为食。

庞大的身体
卡察洛东吐龙是迄今为止发现的最大的食肉恐龙,比霸王龙还要大。卡察洛东吐龙体长可以达到14米,体重可以达到8吨。

可怕的爪子
德洛姆龙脚上的第2趾呈钩形,这是一件致命的武器。当它扑向猎物时,这只爪子可以转动到最佳角度抓住猎物。德洛姆龙非常爱惜它的爪子,常常在树上使劲磨,使其保持锋利,甚至在追赶猎物时,也不让爪子着地。

食草恐龙的防御武器和逃生法

面对食肉恐龙的袭击,食草恐龙也进化出了一套御敌"装备",比如厚厚的鳞甲、尾部的"重锤"、额头上的角等,可以吓退或赶走食肉恐龙,保护自己。此外,由于食草恐龙普遍比食肉恐龙庞大,所以巨大的身躯和有力的脚也是它们最佳的防御武器。

鼻角与头盾

戟龙有大型鼻角与头盾,一旦碰到想捕食它们的大型食肉恐龙,夸张的头盾和尖角常常会吓退一部分敌人,而"勇敢"冲上来的那些也会被戟龙鼻子上的防卫角穿破肚皮,留下一个深深的大窟窿。

棘刺

鳍龙的背部长满骨质鳞甲,身体两侧长满棘刺。如果遇到进攻,它们常常会趴在地上,蜷伏身体,像乌龟一样保护自己柔软的腹部,而用满身的刺对付敌人。

剑板

剑龙的背部有两排剑板,常常使扑上来的食肉恐龙负伤逃跑。

尖刺

钉背龙的背部后方与尾巴处通常有6对尖刺,每根尖刺长约30厘米。它的臀部(有时在肩部)还长着一对利刺。这些刺可以很好地保护它们免受攻击。此外,钉背龙也会甩动尾巴上的尖刺反击敌人。

不是所有食草恐龙都有自己的防御武器，有一些恐龙既没有棘刺，也没有尾锤，更没有硕大的角。一旦遇到危险，它们只好赶紧藏起来或者逃跑。

腕龙

别看腕龙个子很高，其实它们的胆子非常小，只要食肉恐龙一来，它们就会纷纷跑进水里，以最快的速度游到深水处，只露出头顶上的鼻孔，从而躲过敌人的追杀。据古生物学家研究推测，腕龙潜水的本领可不小，它们可以长时间地潜在水里不用换气，甚至长达20分钟以上。

肿头龙

肿头龙虽然有厚厚的头部，但并不能抵抗掠食者的袭击。它们凭借敏锐的嗅觉和视觉，一旦发现敌人会立即选择逃跑。

棱齿龙

棱齿龙也很胆小。它们几乎无时无刻不在紧张地左顾右盼，盯着四周的风吹草动，就算是群体出动寻找食物，也要分工合作，有的主要负责找食物，有的则把注意力放在可能出现的危险情况上。一旦遇到可怕的食肉恐龙，它们能像羚羊一样躲闪和迂回奔跑。

尾锤

蜀龙粗大的尾巴末端的骨质尾锤呈椭圆状，大小如一个足球，这是它独特的防身武器。自从有了这个"战锤"，蜀龙可谓"春风得意"，只要狠狠地挥动一下，那些大型的食肉恐龙就会望风而逃。气龙就曾经因为"嘴馋"而成了它们的锤下鬼。

头上长角的恐龙

在白垩纪时期,生活着一群长着长长的角或者褶边的恐龙,它们全部是食草恐龙。每当遇到强大的食肉恐龙时,它们就会用角威吓和抵御对方,保护自己。

小角龙

小角龙是角龙家族的矮个子,它们体态轻巧,后肢健壮,可以快速奔跑。同时,可以肯定的是,它们对周围环境十分警觉,一旦发觉危险会立刻逃跑。

戟龙

在角龙中,戟龙的防御武器最有效。它们的鼻端长着一根60厘米长的角,头盾周围还长着一圈刺突,这些可以更好地防御敌人,进行攻击。

尖角龙

尖角龙笨重而强健,就像一头庞大的犀牛。它们鼻部顶端有一个巨大的角,头盾较短,四周有牙齿状的角。

三角龙

三角龙是有角恐龙中最有名气的一种,体长8~10米,体重可达10吨,犹如一辆双层巴士。由于眼睛上方长着一对长约1米的大角,鼻子上面还长着一个小角,所以人们把这种恐龙叫作三角龙。

奔跑迅速的恐龙

说到恐龙,几乎所有人都觉得它们笨重而行动缓慢。其实在恐龙家族,有不少善于奔跑和跳跃的恐龙。

犹他盗龙

犹他盗龙和恐爪龙很像,但体格是恐爪龙的2倍。它们性格暴躁,但非常聪明,过着群居生活。犹他盗龙的后腿非常健壮,不仅可以快速奔跑,还可以跳跃着前进。

巴克龙

1923年,巴克龙化石在蒙古的巴克地区被发现。它们性格温顺,吃灌木、树叶和植物的果实。巴克龙用四条腿行走,遇到危险时可以快速地奔跑。

美颌龙

身形娇小的美颌龙奔跑时速接近64千米,比目前世界上跑得最快的两足动物——鸵鸟还要快8千米。

我追!我追!追不上……

对不起,我先撞线啦!

博尔特　　美颌龙

皮肤与伪装

关于恐龙的皮肤是什么颜色，没有任何证据保留下来，生物学家根据现代爬行动物进行推测，曾一度认为恐龙的肤色是单一的。不过，现在的科学家们认为，恐龙家族种类繁多，肤色也可能是色彩缤纷的。

恐龙变色的秘密

我们知道，变色龙、枯叶蝶、海星等许多动物都会变色。那么，恐龙也会通过改变身体的颜色进行伪装吗？据生物学家研究，一些食草恐龙也有这种"变色"本领。它们除了通过表皮的色素细胞进行变色外，还会通过血流量改变肤色。

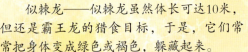

似棘龙——似棘龙虽然体长可达10米，但还是霸王龙的猎食目标，于是，它们常常把身体变成绿色或褐色，躲藏起来。

恐龙的皮肤

食肉恐龙——皮肤粗糙，有一排排凸出体表的角质大鳞片。

食草恐龙——身体表面有一层近于平坦的角质小鳞片。

甲龙类恐龙——体表覆盖着甲板和骨钉、骨刺。

角龙类恐龙——表皮有瘤状突起物，瘤与瘤之间覆盖着小鳞片。

剑龙——剑龙的背部长着几排骨板，血液会通过骨板和皮肤表层。它们利用骨板来调节身体的温度，当增加血液供应时，身体就会"羞得通红"。

聆听恐龙的声音

动物们主要用声音来保持联系，它们的发声方法主要有两种，一种是靠身体的摩擦，另一种是靠呼吸时声带的振动。现在，我们仔细听一听，庞大的恐龙是怎么发出声音的呢？

鼻盖声

爱德蒙吐龙的鼻盖能够充气发出鸣叫声。

肉冠

似棘龙的肉冠上有一个长长的涌气管，就像一把长号，是用来发声的器官。瞧，一只雄似棘龙正鼓起两颊，用力把气流从鼻腔中吹出，发出声音。

脚步声

梁龙喜欢结群寻找食物。当一只梁龙发现鲜嫩多汁的植物时，就会将信息传递出去，"快来这里吧！这里的草儿又鲜又嫩。"很快，三三两两的梁龙聚集而来。不过，这种"召唤声"并不是通过声带发出的，而是沉重有力的脚步声。就算同伴们无法看到它，也会感觉到，从而找过来。

牙齿和食物

食草恐龙

不同类型的恐龙进化出了不同的口器和牙齿，以便能够更好地进食。

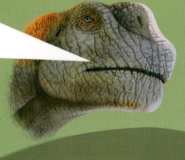

圆顶龙——圆顶龙有粗大的勺形牙齿，可以从树上撕下嫩芽和嫩叶。

埃德蒙顿龙——埃德蒙顿龙口后部有较平的牙齿，可以磨碎坚硬的松球果。

禽龙——禽龙口腔前面没有牙齿，两侧的脸颊处有一些颊齿。因为禽龙的牙齿是不断替换的，所以它们能够终生以坚硬的植物为食。

三角龙——三角龙有锋利的喙和牙齿，能够切碎坚硬的蕨类植物。

食肉恐龙

食肉恐龙以猎食或食腐为生，它们有宽阔有力的腭，腭上还长有如匕首般锋利的牙齿。

翼龙——翼龙的牙齿非常锋利，边缘呈锯齿状，可以刺穿和切割猎物的肉。

巨兽龙——巨兽龙的牙齿非常锋利，每颗牙齿长达20厘米，很容易就能撕裂猎物。

始盗龙——始盗龙的嘴巴前部的牙齿平整得像树叶，嘴巴后部的牙齿锋利得像匕首。据推测，它可能是一种既爱吃草又爱吃肉的恐龙。

异齿龙

异齿龙有三种不同类型的牙齿。第一种牙齿长在上颌前端，小而尖锐，是专门用来切割植物的切齿；第二种牙齿长在嘴巴两侧，是用来咀嚼、磨碎食物的颊齿；第三种长在上颌前部，像一对大獠牙向外翘着，用来当作武器和吸引异性。

健胃消食片——胃石

从许多挖掘出的食草恐龙化石中发现，它们的肚子里有很多石头，大的像拳头，小的像鸡蛋。难道这些恐龙是不小心把石头吞下肚子的吗？其实答案并不是这样的，它们是故意吃下石头，从而促进消化，石头是许多食草恐龙的"健胃消食片"。

地震龙

古生物学家在美国新墨西哥州侏罗纪地层中挖出一只地震龙化石，它的肋骨间竟然有230颗胃石，是迄今发现胃石最多的恐龙化石。

板龙

板龙是一个大胃王，它不管三七二十一，将包括低矮的蕨类植物到高高的树枝在内的食物一股脑地塞满嘴巴，再整个吞下肚子。接着，它们再吞下各种石头，让石头像一台碾磨机那样滚动碾磨，直到把食物碾碎成糊状。

恐龙为什么喜欢吃石头呢？

食草恐龙的身躯特别庞大，为了满足身体的需要，它们一天要吃下大量的植物。可是，许多食草恐龙的牙齿咀嚼能力特别差，植物几乎没有被嚼碎就吞下了肚，为了让食物更好地消化，恐龙们只好吃一些石头。这些石头进入胃部后，被称为胃石。胃石随着胃部肌肉的蠕动而互相摩擦，像石磨一样将食物磨碎，这样就能消化食物了。

现在地球上仍然有许多动物靠吃石头来促进消化，当然，我们鸡吞食的是一些小沙砾。

我们鳄鱼吃石头就像家常便饭。

蛇颈龙

蛇颈龙经常在海底觅食蛤蜊、螃蟹等带有甲壳的动物，它们也会像咀嚼能力较差的恐龙一样，通过吃石头来促进消化。

恐龙会不会冬眠呢

现代爬行动物,如蜥蜴、蛇等,在寒冷的冬季到来时都会停止活动,纷纷钻入地下进入冬眠期。那么,作为中生代时期的霸主、爬行动物之王的恐龙是否也需要冬眠呢?

虽然我们恐龙家族和蜥蜴、蛇属于同一类动物——爬行动物,但我们大部分都不冬眠。你瞧,我们的身躯实在太庞大了,根本无法钻入地下,再说,当时的地球比现在暖和,所以不用担心我们在冬天会被冻着。不过,后来气候发生了变化,冬天变得很冷,像棱齿龙等小型的恐龙会在冬天打地洞御寒。

冬天来了,又可以睡一个冬天了,太爽啦!

朋友们,开春再见吧!

许多爬行动物都是冷血动物,那么,恐龙也是冷血动物吗?

冷血动物

有的动物体温在温暖的白天升高,在寒冷的夜晚降低,它们的体温会随气温变化,属于冷血动物。

恒温动物

有的动物不管在白天还是黑夜,体温基本不变,它们属于恒温动物。

在恐龙家族中,有的体温会随着环境的变化而变化,有的体温会保持不变,所以属于这两种体质的恐龙都有。

千奇百怪的求偶花招

装饰品
雄蜥嵴龙在求偶时，会用明亮的颜色来装饰鼻子部分鼓起的口袋，吸引雌蜥嵴龙。

献殷勤
霸王龙虽然脾气暴躁，但在求偶时却十分的绅士、温柔。雄霸王龙常常会抓一只三角龙来博得雌霸王龙的欢心，似乎雌霸王龙看到食物就会开心，只要吃饱了就会接受雄霸王龙。

恐龙体型庞大，看起来非常笨重、愚钝，不过，在求偶的季节，许多恐龙都表现得非常聪明，还很勇敢，实在令人吃惊！

正面决斗
雄肿头龙在抢夺雌肿头龙时，会像山羊一样，顶着彼此的头部进行决斗。

呼唤声
雄副栉龙在寻找配偶时，会用它那长长的肉冠发出声音，呼唤雌副栉龙。

恐龙蛋

所有的恐龙都是通过孵蛋繁殖后代的。不过，在150多年前，人们不断地挖掘出恐龙蛋化石，却不知道那是什么，后来在法国，恐龙蛋化石才被验明正身，正式被大家认识。恐龙蛋形状多种多样，有圆的、扁的、长方形的、圆柱形的、橄榄形的等，蛋壳非常坚硬。

恐龙蛋为什么那么小？

和恐龙庞大的身体相比，恐龙蛋实在是小得可怜。这主要是因为如果恐龙把蛋下得很大，蛋黄很容易把蛋壳撑破；如果蛋壳很厚，小恐龙又无法像小鸡那样轻易地破壳而出。所以，大多数恐龙生的蛋都很小，既保护了宝宝，又能很好地繁衍种族。

认识恐龙蛋

恐龙蛋和鸟蛋类似，里面有蛋黄和胚胎。胚胎被一层薄薄的膜包裹着，吸收蛋黄里的营养，在蛋中慢慢地长大，直到孵化为小恐龙破壳而出。

大家都认识我吧，我是鸡蛋，长约6厘米。

别以为恐龙很高大，下的蛋也会很大，瞧，其实我们并没有那么夸张。

世界上第一颗被发现的恐龙蛋化石

1859年，一位法国牧师在法国的比利牛斯省的洛口地区发现了一颗巨大的恐龙蛋化石，直径约36厘米，是世界上被发现的第一颗恐龙蛋化石。

各种各样的恐龙蛋化石

圆形、长方形、圆柱形、橄榄形……

不同时期的恐龙蛋化石

白垩纪时期的恐龙蛋化石,蛋壳上有粗糙的条纹和小疙瘩。

三叠纪和侏罗纪时期的恐龙蛋化石,蛋壳比较光滑。

不同的产卵方式

伤齿龙来到干涸又湿润的湖底或沼泽地,靠输卵管向下蠕动的力量轻松地把恐龙蛋插入泥土中。

迈阿龙把蛋下在土坑中,用沙土或植物掩埋起来。

好妈妈慈母龙

慈母龙在恐龙家族中非常有名气,因为它们是温柔的好妈妈,总是认真细心地照顾自己的宝宝。

❶ 慈母龙爸爸和慈母龙妈妈把土堆积起来,做成一个直径约2米的大坑,在里面铺上树叶和柔软的植物。

❷ 慈母龙妈妈把蛋产在坑里,这些恐龙蛋呈长长的椭圆形,有时可多达25枚。

❸ 慈母龙爸爸和慈母龙妈妈守在窝旁,寸步不离,防止其他恐龙来偷蛋。

❹ 随着窝里的树叶和植物开始腐烂,散发的热量使蛋逐渐孵化,终于有一天,小恐龙们破壳而出。

❺ 刚孵化的小慈母龙长约30厘米,它们腿骨太软,无法站起来。慈母龙爸爸和慈母龙妈妈将坚硬的植物、水果或种子嚼碎,再小心地喂给宝宝。

❻ 一群小慈母龙每天能吃掉几百斤鲜嫩的植物,慈母龙需要不辞劳苦地到处寻找食物,直到孩子长大了,可以自食其力,才会离开家,加入到恐龙群中。

有些恐龙产下蛋后就会离开,于是没有父母呵护的恐龙蛋和小恐龙就成了食肉恐龙的美食。瞧,秃顶龙正从埃德蒙顿龙的巢穴中偷蛋。

肿头龙很有可能过着群居生活。因此古生物学家推测，成年雄性肿头龙也许像现代的山羊那样，会用头顶来顶去进行较量。最终，胜利者可以在群体中拥有较高地位，成为族群首领。

争当首领的决斗

身材高大的食肉恐龙一般独自生活，而小型食肉恐龙和食草恐龙则常常聚集在一起，这时就需要有一位首领来领导大家，寻找食物和迁徙。不过，在繁殖季节，恐龙之间也会发生打斗。

角鼻龙在和同类的搏斗中，除了用头拼命地撞对方外，它们还会不时地发出一声声嚎叫，让对手心惊胆寒。

和现代的雄鹿一样，生活在白垩纪时期的戟龙为了当上首领，也会采取"推攘"的方式来一决高下。雄戟龙之间打架一般不会用尖刺去刺伤自己的同类，而是彼此把颈盾的尖角卡在一起，互相推来推去，谁顶得远，就表示谁的力气大，那么，获胜的就会是那条戟龙。

雄剑龙在决斗前比较绅士，它们会用骨板来调高或调低体温。当血液供应增加时，身体就会"羞得通红"。这种特殊的变色本领是剑龙家族的一种交流方式，也是雄剑龙在准备攻击前发出的"警告"。

生活在海洋中的"冒牌恐龙"

其实,海洋中的所有"恐龙"并不是真的恐龙,它们只是恐龙的远亲。当恐龙称霸陆地时,它们支配着海底世界。

长头龙

长头龙凭借巨大的头颅和锋利的长牙,成为当之无愧的海洋杀手,它是所有鱼类的噩梦,几乎碰到什么就吃什么。长头龙游动时,四个桨状鳍用来控制方向和保持身体平衡,尾巴则左右摇摆,起像加速器一样的作用,从而推动身体前行。

鱼龙

鱼龙皮肤光滑,没有鳞,腿进化为鳍。游动时,前鳍负责保持身体平衡,把握方向,垂直的尾鳍左右移动,从而快速前进。

幻龙

幻龙头小身子长,依靠长长的脖子和尾巴的摆动来游泳,用蹼来控制方向。幻龙在海洋中捕食,每当爬上岸休息时,它们就会张大嘴巴,打一个喷嚏。其实,幻龙并不是"感冒"了,而是到陆地后,身体不再需要很高的盐分了,于是通过打喷嚏的方式将盐分喷射出去。

蛇颈龙

蛇颈龙有一条长长的脖子,使得它们看起来就像一条蛇穿过了乌龟壳。它们把长长的脖子伸到海底寻觅各种贝壳类、软体类动物。

恐龙大灭绝

中生代是恐龙最繁盛的时期，可当中生代结束时，恐龙竟然全部灭亡。这是为什么呢？许多科学家对此进行了研究，并提出多种假说。

有人认为，是由于超新星的爆炸和强烈的宇宙射线导致了恐龙的灭绝。

陨石撞击

有人认为，在白垩纪晚期，有一颗重达2300万吨的巨大陨石撞击了地球。陨石撞击地球后产生的尘土覆盖了整个地球，遮挡了阳光，气温下降，植物逐渐枯萎，于是食草恐龙被饿死，接着食肉恐龙也跟着饿死了。

地壳运动

还有人认为，随着地壳运动，海平面下降，陆地面积越来越大，气候也变得干旱，植物锐减，恐龙无法找到充足食物，慢慢饿死了。

虽然各种假说都有一定的道理，但仍然不能合理地解释恐龙为什么突然灭绝。这个问题，还需要未来的科学家去揭开谜底。

本书编绘人员名单

王艳娥	刘晓丽	王阳光	邵晗茹	刘听听	庄殿武	孙雪松	王立刚	韩 旭	崔 月
田 晰	吴金红	王 丹	王自伟	孙海建	杨立国	陈禄阳	邱佳丰	王迎春	康翠苹
崔 颖	王晓楠	李佳兴	虞佳鑫	姜 茵	丁 雪	那 娜	宁 涛		